8
_K 527.

AF266044

COUP D'ŒIL

SUR

L'ALGÉRIE

I.k 8
527

TIMBRE
ESPAÑA

COUP D'OEIL

SUR

L'ALGÉRIE

PENDANT

LA CRISE DE 1859-1860

ET

RÉFLEXIONS SUR LE DÉCRET RELATIF

A LA

VENTE DES TERRES DOMANIALES

BIBLIOTHÈQUE IMPÉRIALE — IMPR.

DON. N.° 10,071.

Prêter à usure n'est guère
mieux que voler.

CONSTANTINE

IMPRIMERIE ET LITHOGRAPHIE DE Vᵉ GUENDE, PLACE DU PALAIS

1860

NOTE DE L'ÉDITEUR.

La publication de cet opuscule devait avoir lieu avant la promulgation du décret du 27 novembre qui rétablit le Gouvernement Général de l'Algérie.

De hautes considérations et quelques retards indépendants de notre volonté, apportés dans l'exécution matérielle de sa composition, nous ont empêché, bien contre notre gré, de le livrer plus tôt au public.

COUP D'ŒIL

SUR

L'ALGÉRIE

PENDANT

LA CRISE DE 1859 - 1860

ET

Réflexions sur le décret relatif

à la

VENTE DES TERRES DOMANIALES

*Prêter à usure n'est guère
mieux que voler.*

CONSIDÉRATIONS GÉNÉRALES.

Les sérieuses préoccupations politiques du jour se rattachant directement aux évènements si graves qui se déroulent de l'autre côté des Alpes, ont été impuissantes jusqu'ici à apaiser les mille criailleries de clocher que fait naître depuis si longtemps la lutte passionnée des deux systèmes rivaux d'administration algérienne entre lesquels, comme l'âne de Buridan, le pauvre colon reste bouche béante et attend toujours..... Jamais aussi, il faut le dire, cette question brûlante, insoluble, de la colonisation algérienne, — nœud gordien qui a défié jusqu'ici tant de mains réputées habiles, — n'a pu présenter un aussi grand intérêt qu'aujourd'hui, soit à cause des récentes inquiétudes jetées dans le commerce et l'agriculture par la formidable guerre d'Italie, inquiétudes qui ont été et sont encore aujourd'hui le véritable critérium d'une situation fausse, pénible, dont

la colonisation se ressentira malheureusement bien longtemps ; soit à cause de l'appréhension bien ou mal fondée,
mais vive et profonde, d'une nouvelle et peut-être prochaine
guerre en Europe ; soit à cause enfin du travail important
qui, s'il faut en croire certain bruit fort accrédité, s'élabo-
rerait en ce moment dans les hautes régions gouvernemen-
tales pour doter l'Algérie d'un pouvoir régulateur assez
hautement posé dans le respect des deux partis, si hostiles
l'un à l'autre, qui se partagent l'administration, pour les
faire marcher de front, sous sa main, dans une égalité par-
faite et avec toute l'indépendance de leurs attributions respectives. Là serait sans doute le terme de ces regrettables
luttes intestines, de ces conflits d'amour-propre si nuisibles à
la chose publique, qui font rire de nous à l'étranger et ont
fait de tout temps le désespoir des chefs de notre administration coloniale, lesquels militaires ou civils, ont vainement épuisé tour-à-tour, pendant la durée de leur mandat,
tous les moyens de conciliation possibles pour rapprocher
et mettre d'accord nos Montaigus et nos Capulets,

Les bornes tracées à ce travail ne nous permettant pas
un examen détaillé des deux systèmes tout gonflés du plus
regrettable antagonisme qui se disputent depuis si longtemps le droit de primauté dans l'administration de notre
belle colonie, nous allons rapidement examiner les conséquences funestes que pourrait avoir à notre point de vue,
pour son avenir, une nouvelle guerre en Europe.

Loin de voir, comme on pourrait peut-être déjà le sup-
poser, cet avenir, à travers le voile du pessimisme, nous
sommes cependant entraîné à dire, quelque aveuglément
confiant que nous soyons dans l'héroïsme de nos soldats
et le succès de nos armes, qu'il eût pu survenir, la
guerre d'Italie se continuant, telle crise politique qui, faisant
mettre toute la France debout, aurait eu pour premier et
inévitable effet de créer les plus terribles embarras à l'Algérie, et peut-être, ce qu'à Dieu ne plaise, de mettre cette

magnifique colonie dans une position à peu près analogue
à celle où fut placée l'Egypte, à une époque à jamais néfaste
pour nous, et dans des circonstances de guerre qui auraient
pu fatalement se reproduire. Mais est-ce à dire, parce que
la vaillante épée de la France est généreusement rentrée
au fourreau, laissant à la diplomatie l'insigne honneur de
terminer, par des notes et des conférences, ce qu'elle a si
glorieusement commencé, qu'il faille croire à une paix éternelle et prendre la houlette et le pipeau ? Hélas ! il suffit du
moindre coup-d'œil jeté sur les événements extraordinaires
qui se passent en Italie, et sont comme l'enfantement lent
et laborieux des libertés que ce noble pays veut conquérir ;
il suffit du moindre ébranlement donné à l'équilibre euro-
péen, pour craindre sérieusement que le terrible rôle de
l'épée ne soit qu'interrompu.

N'aurons-nous pas tôt ou tard la guerre avec l'Angleterre ? Telle est l'une des préoccupations les plus vives de
l'esprit public en Algérie, l'énigme redoutable qu'un avenir
prochain dévoilera sans doute, et qui nous paraît être le
résultat logique et forcé d'une situation politique telle-
ment tendue, que la moindre secousse diplomatique peut
tout bouleverser. Dans une alternative aussi périlleuse
et d'où peuvent sortir les plus grosses tempêtes, l'esprit
le plus calme et le moins prévenu contre nos puissants
voisins d'outre-Manche ne peut, en se souvenant des
perfides humiliations du passé, s'empêcher de douter
de la sécurité de l'avenir. Fidèles à notre générosité native,
à notre esprit de confraternité universelle, le grand et so-
lennel pacte d'union conclu en 1854 entre la France et
l'Angleterre, scellé quelques jours plus tard du sang des
deux peuples sur le champ de bataille de la Crimée, ne peut
être, ne sera jamais violé par nous. Mais l'Angleterre qui,
dans cette grande hécatombe humaine, se souvient de Bala-
klava et d'Inkerman, n'a peut-être de mémoire que pour
détester, dans sa part de triomphe, ces deux faits glorieux
où la main de la France lui fut si généreusement tendue.

Et aujourd'hui que notre pays, placé déjà au sommet de la politique de l'Europe, a entrepris si récemment encore, aux acclamations de tous ses enfants, la régénération de l'Italie ; que ce grand acte de réparation humaine, réclamé depuis si longtemps par la civilisation moderne et sur le point d'être accompli, a été glorieusement inauguré sous la puissante main d'un Empereur neveu de l'homme-géant qui fut *pendant vingt ans* l'épouvantail de l'Angleterre, peut-on ne pas craindre, avec raison, que la grande moisson de gloire recueillie par notre armée sur le sol péninsulaire, enflammant la jalousie des Anglais envers nous proportionnellement à la somme d'influence qui, dans le concert politique de l'Europe, en est résulté pour la France, ne les porte à briser, un peu plus tôt, un peu plus tard, le lien fragile qui les unit encore à nous ? Que le gouvernement de l'Angleterre soit whig ou tory, libéral ou conservateur, le fond de la nation reste invariablement le même : anti-français par-dessus tout. Le drap peut avoir changé de nuance; mais il a conservé sa couleur. Or, qui oserait assurer que la guerre entre ce pays et le nôtre ne parût aujourd'hui, au point de vue d'antipathie nationale qui les séparera toujours, la plus patriotique aux deux peuples ? Qu'on veuille bien se souvenir de certain discours de lord Derby, à l'ouverture de la guerre d'Italie, et de celui plus récent et plus significatif de lord Palmerston, sortes d'avertissements comminatoires, de rappels à l'ordre à l'intention de la France, en même temps qu'un double cri d'alarme lancé à la vieille Angleterre. Devant de semblables considérations et des symptômes de rupture aussi graves, quel poids peuvent avoir, dans la balance des destinées politiques de la France et de l'Angleterre, d'aussi faibles indices d'entente que ceux d'une communauté de vue purement accidentelle à l'égard de l'Italie et de l'expédition de Chine, et purement forcée à l'égard de l'expédition de Syrie ? Si, sous tant de rapports, il peut suffire de la plus petite étincelle pour allumer le plus vaste incendie ; si l'Angleterre, d'un autre côté, ne pouvant dévier, sous peine de ruine ou de mort, de la voie politique dans laquelle l'ont fatalement jetée depuis près d'un siècle ses envahissements coloniaux et qui consiste, dût-elle y user toutes ses forces, y jeter tout son or, à empêcher l'existence sur le continent d'une puissance sans contre-poids, telle qu'a été la France après Tilsitt, et qui, pouvant alors diriger toutes ses forces vives, toute son influence sur les autres nations vers un seul but, devient une menace terrible pour elle ! — Qui pourrait alors oser nier, dirons-nous, la possibilité de la guerre que nous signalons ?

Le cadre que nous nous sommes tracé et une réserve commandée par les circonstances politiques du jour, ne nous permettant pas de développer les causes si nombreuses de dissidence qui, à notre sens, pourraient déterminer une si redoutable conjoncture pour les deux pays, nous demanderons qu'on veuille bien simplement nous accorder, sous tout bénéfice d'inventaire : que *cette guerre est au moins aujourd'hui dans les choses possibles.* Ce point admis, nous allons aborder la question de sécurité algérienne, premier but de ce modeste travail.

PREMIÈRE PARTIE.

I.

La longue et glorieuse guerre de Crimée et celle plus
prompte et non moins glorieuse qui vient de se terminer si
rapidement en Italie, ont clairement démontré que la France,
lorsqu'elle a à défendre l'honneur de son drapeau sur quelque point que ce soit du continent, fait aussitôt un appel à
son armée d'Afrique, dont elle tire, sans contredit, son prin-
cipal élément de force et de succès. A n'être envisagée que
sous le rapport de son utilité militaire, l'Algérie est donc
déjà une terre précieuse, qu'il est de l'honneur et de
l'intérêt de la France de préserver de tout péril. Or,
a-t-il été pris, sous ce rapport, les mesures nécessaires,
à l'époque des deux grandes guerres que nous venons de
traverser? Mais, dira-t-on, pas un Arabe n'a bougé,
aucune puissance du dehors ne nous menaçait. — D'accord. — Mais compte-t-on donc pour rien, à défaut de
révolte intérieure et de menaces du dehors, les transes
mortelles dans lesquelles ont vécu nos populations agricoles
et urbaines pendant tout le temps qu'ont duré les guerres
de Crimée et d'Italie? Compte-t-on pour rien la frayeur,
le découragement qui, s'emparant alors d'un grand nombre
de familles établies dans nos campagnes, les a fait refluer
vers les villes du littoral ou poussées vers la terre natale?
Pour ne citer qu'un exemple entre mille, des sourdes inquiétudes qui, à ces deux époques, ont agité nos populations, nous avons encore présente à la mémoire l'espèce de
panique qui, en juin 1854, s'était emparée de tous les habitants de Sidi-bel-Abbès, par suite du départ de la légion
étrangère, d'un luxe de patrouilles de jour ordonnées par
le commandant supérieur provisoire, et faites par des pelo-
tons de spahis autour de la ville même, mesure superflue

et qui, vu l'absence de tout danger réel, avait le singulier
bénéfice d'empêcher tous les habitants de dormir la nuit.

Nous n'avons pas eu en Algérie, pendant les guerres de
Crimée et d'Italie, plus de neuf à dix mille hommes de
troupes à mettre en campagne. Certes, on peut dire, sans trop
s'écarter de la vérité, que s'il se fût alors présenté au peuple
arabe quelques aventuriers assez adroits, — et ils abondent
dans ce pays de l'imposture, — pour agir de concert sur le
fanatisme religieux des masses, un seul coup de fusil eût
entraîné une insurrection, faible à son principe peut-être,
mais dont le développement rapide ne pouvant être arrêté
par nous, faute d'une cavalerie suffisante, n'aurait pu être
domptée à la longue par nos braves troupes qu'au prix des
plus grands malheurs, dont le moindre eut été un retard
de dix ans dans la marche de notre colonie. Que sera-ce
donc si, raisonnant dans l'hypothèse d'une guerre avec
l'Angleterre, nous voyons encore l'Algérie réduite à de si
faibles défenses ; si surtout nous voyons encore prendre si
peu de mesures stratégiques pour prévenir ou faire face à
d'imminents périls ! N'oublions pas que l'Angleterre, par
Malte et Gibraltar, est autant et plus que nous puissante
dans la Méditerranée ; qu'elle a déjà jeté dans cette mer
une escadre de gros vaisseaux et peut envoyer en réserve,
à Gibraltar, sans que nous puissions l'en empêcher, autant
de flottes qu'elle voudra. Que la guerre éclate entre cette
puissance et nous, ses premiers coups, on peut en être assuré, seront pour l'Algérie. Certes, si le danger pour notre
colonie résidait tout entier dans les flottes anglaises, nous
ne serions que médiocrement inquiets, la marine française
étant assez forte aujourd'hui pour le conjurer ; aux vaisseaux et aux marins de l'Angleterre, nous pouvons hardiment opposer nos marins et nos vaisseaux : à ses canons
Armstrong réputés si terribles, nos redoutables canons
rayés. Malheureusement, les boulets de l'Angleterre, quels
que soient leur calibre et leur puissance de destruction,
sont moins à redouter pour nous que l'effet toujours irré-

sistible de ses soyeuses bank-notes et de ses luisantes gui-
nées..... Le Maroc, avec ses instincts cupides et son fanatisme religieux, adroitemeant exploités, deviendrait, dans
cette hypothèse, l'instrument le plus redoutable dont se
se servirait l'Angleterre contre l'Algérie. (1).

II.

Partant de cette donnée : que la France et l'Angleterre,
se trouvant vis-à-vis l'une de l'autre en état d'hostilité armée, il y a danger pour l'Algérie, nous croyons pouvoir assurer, en ne fixant qu'à vingt-cinq mille hommes, sur lesquels quinze mille de cavalerie, l'effectif des troupes qui,
dans cette hypothèse, pourraient nous être laissées, et en aug-
mentant l'artillerie de campagne, qu'il serait possible, par
de judicieuses et promptes mesures, à l'aide du concours
des milices et d'un commandement énergique, de parer avec
de si faibles forces à tout danger sérieux. La guerre que
nous supposons serait, croyons-le bien, implacable comme
l'antipathie qui en aurait été le principe, et la France alors.
pour la soutenir glorieusement, ne pouvant laisser en Algérie que le moins grand nombre possible de ses soldats, il
nous faudrait suppléer au nombre par l'habileté et l'audace,
pour ne pas être dévorés, deux cent mille Européens que
nous sommes, par les trois millions d'Arabes qui nous en-
tourent. Mais il faut que nos généraux d'Afrique, tous jeu-
nes aujourd'hui, tous pleins d'énergie, d'activité et de
gloire, abandonnent, pour un temps indéterminé, les bonnes villes du littoral où la plupart ont leur résidence, pour
aller camper au-delà de la ligne de partage du Tell, le long
du vaste espace qui s'étend de l'ouest à l'est, depuis Tlemsen et Bel-Abbès jusqu'à Guelma et Souq-Ahras, du côté
nord ; et depuis Sebdou et Daya jusqu'à Batna et Tebessa,

___

(1) Qu'on ose se figurer ce qui serait advenu si, à l'époque de l'insurrection des frontières marocaines, nous nous étions trouvés en
guerre avec nos puissants voisins d'outre-Manche !

du côté sud. Ils auront, dans cette position toute centrale, la possibilité de se transporter avec leur cavalerie, dans un même et court espace de temps, aux limites est , ouest et sud de nos possessions, et d'étouffer dans son germe tout commencement de révolte un peu sérieux. Placés entre une double ligne de villes ou postes bien approvisionnés, leurs ravitaillements seront des plus faciles et leurs lignes d'opération des plus sûres. Ils devront surtout, et sans que cela puisse nuire à l'exécution des ordres du général en chef, être autorisés, chacun dans l'étendue de son rayon, à une liberté d'action qui leur permette toute initiative jugée par eux d'accord avec la sécurité du pays, en même temps qu'investis d'un pouvoir absolu, discrétionnaire, à l'égard de tout Arabe turbulent Qu'en même temps, au nord, les points les plus vulnérables de nos côtes soient suffisamment armés, que toutes les milices soient mises sur le pied de service permanent et sous les ordres de commandants de place *éprouvés;* que dans toute ville et village du littoral ou de l'intérieur, tout adolescent, tout vieillard soit pourvu d'un fusil, et que même nos campagnes, nos vingt (1) mille âmes de population agricole ne soient plus, comme elles le sont encore aujourd'hui, à peu près désarmées Nos braves colons suffiront alors, nous osons l'assurer, à repousser toute agression de l'ennemi, comme a pu le faire si courageusement, en 1845, contre Bou-Maza, lors de l'insurrection du Dahra, la population si énergique de Mostaganem. — Qu'à cet ensemble de mesures, d'une exécution si facile, on ajoute le désarmement de tous les indigènes des villes, l'armement et l'approvisionnement en vivres et munitions de toutes nos places, surtout de celles qui sont situées à l'extrême sud de nos possessions, telles que Géryville, Laghouat, etc., et de celles de l'ouest, où devront se porter le

---

(1) Il résulte d'un travail de statistique tout récent que la population agricole de l'Algérie, prise en masse, s'élève à 45,000 âmes. En déduisant de ce chiffre, celui de 25,000, pour faire la part des gros villages, nous croyons le chiffre de 20,000, acceptable pour la campagne proprement dite.

plus de vigilance et se concentrer le plus de moyens d'action, nous osons répondre alors qu'en de telles conditions de défense, l'Algérie sera mise à l'abri du plus petit danger.

III.

Quinze mille hommes de cavalerie nous paraissant une force indispensable pour assurer, par la rapidité de son action, le succès du plan que nous venons de développer, nous demandons que, dans ce chiffre, l'arme irrégulière des spahis soit augmentée du double de son effectif. Notre cavalerie indigène est la seule qui, en vue des événements graves que nous conjecturons, nous paraisse la plus propre au service de colonne volante, à celui de flanqueur, d'éclaireur et de courrier, jugés si nécessaires dans une campagne de cette nature ; celle surtout qui peut le mieux supporter et au besoin s'imposer les plus grandes privations matérielles ; celle enfin qui, par sa connaissance du pays et son flair infaillible peut, le jour comme la nuit, suivre et retrouver facilement la trace de l'ennemi poursuivi. Mais peut-être objectera-t-on, qu'avec tant de cavalerie indigène, nous risquons de tomber dans la faute qui a si grandement contribué à mettre, il y a trois ans, la puissance de l'Angleterre dans l'Inde à deux doigts de sa perte. Vos spahis, va-t-on nous dire, seront alors les cipayes de l'Algérie, et vos turcos, déjà si nombreux, feront le pendant de l'infanterie anglo-indienne : vienne une occasion propice, spahis et turcos vous trahiront et vous égorgeront, s'ils le peuvent, à qui mieux mieux. Nous ferons observer que, dans cette immense révolte de l'Inde anglaise, l'or des radjas a bien plus fait encore pour la défection des troupes indigènes que tous les efforts de délivrance sourdement tentés par les chefs religieux au nom du mahométisme ou du boudhisme : or, quels sont, en Algérie, les chefs indigènes assez riches pour corrompre nos turcos et nos spahis ? On en compte à peine deux par province, et, fussent-ils plus nombreux, leur incurable avarice et les coûteuses maisons que presque tous possèdent dans nos villes, nous répondraient d'eux sous ce rapport. Nous le répétons, l'influence religieuse sur les masses arabes peut seule, par les prédications de quelques jongleurs complices d'un imposteur adroit comme il en naît si souvent, entraîner le pays dans la guerre sainte. Ensuite, quelle différence dans la constitution des armées des deux pays : l'élément indigène qui entrait pour une si grande proportion dans l'armée anglo-indienne, n'entre que pour une proportion bien minime dans notre armée d'Afrique. Il y a plus, notre infanterie indigène ayant déjà donné d'incontestables preuves de sa bravoure, une première fois en Crimée, une deuxième fois en Italie, rien ne serait plus utile, ce nous semble, que d'en débarrasser l'Algérie à un moment donné, pour l'incorporer dans une de nos armées combattantes d'Europe, en la remplaçant aussitôt par des troupes de ligne. Cette mesure, si simple dans son exécution, aurait un double résultat dont l'importance ne saurait échapper au plus simple bon sens : nous nous dégagerions, en effet, d'un élément de combat de fidélité suspecte en Afrique, pour le transporter sur un terrain où, à l'abri de toute velléité de révolte, il ne pourrait être que fort utile. En demandant, au contraire, l'augmentation de la cavalerie indigène, nous ne prétendons, en aucune façon, qu'on veuille bien ne pas s'y tromper, donner à cette arme le mérite de la fidélité que nous refusons aux turcos. Nous ne prétendons aucunement non plus lui donner plus d'importance qu'elle n'en mérite ; elle a certainement, comme nous l'avons dit plus haut, son incontestable supériorité dans l'action de détail, isolée, individuelle ; mais elle n'a pas et ne peut avoir, comme esprit de discipline, amour du drapeau, cohésion et solidité, l'incontestable valeur de notre cavalerie régulière, notamment de nos braves chasseurs d'Afrique. Nous voulons seulement, les régiments de spahis se prêtant admirablement au fractionnement de leurs escadrons, que chaque commandant de colonne, si faible que soit sa colonne, en ait toujours un détachement sous la main, pour se mettre en communication constante avec les troupes voisines, avec les points intermédiaires de sa ligne d'opération et se garder surtout contre toute surprise, en démêlant par leur intermédiaire, s'il y a lieu, à travers les apparences toujours amicales de nos ennemis, tout mauvais dessein contre nous. Le spahis, nous l'avons dit, est éminemment propre à l'action personnelle : guide sûr, adroit et expérimenté, il saura toujours indiquer du doigt, à ceux dont il dirige la marche, les embûches qui pourraient avoir été dressées sur la route suivie. Seul il pourra, si nos lignes télégraphiques sont détruites, assurer à l'aide de son burnous blanc, la correspondance de nos commandants de colonnes aux quatre points cardinaux de l'Algérie. En employant aussi utilement une notable partie de nos spahis, nous nous débarrasserons du douteux appui de ces incommodes et médiocres cavaliers auxiliaires connus sous le nom générique de *goum*, lesquels, bien certainement, ne manqueraient pas de nous trahir à la première occasion, aucun intérêt, aucun lien n'étant là pour nous garantir leur fidélité (1) ; tandis que les spahis, en admettant, non sans restriction, que l'habitude de l'obéissance visa-vis de chefs craints et respectés n'ait fait naître en eux aucun esprit de discipline ; en admettant, au pis aller, que d'excellents cadres bien éprouvés, n'aient point encore la force nécessaire pour les contenir; leurs femmes, leurs enfants, leurs bestiaux, leurs gourbis, tous ces biens précieux, laissés derrière eux dans les smalas d'escadron, — création heureuse, quoique on en ait dit, et si hautement appréciée de nos spahis qu'elle est à peu près aujourd'hui l'unique cause de leur engagement, — seraient autant d'ôtages qui nous répondraient de leur bonne volonté et de leur vigueur.

(1) La conduite énergique du colonel Walsin-Estherazy lors du ravitaillement du poste d'Aïn-Temouchen en 1845, donne la mesure de la fidélité des goums : cet officier supérieur, seul Français au milieu de cinq cents cavaliers arabes, n'hésite pas une seconde à se mettre en marche. A peu de distance d'Oran un caïd hésite, refuse d'avancer ; le colonel d'un coup de pistolet lui brûle la cervelle. Un peu plus loin un second caïd, pour la même cause, reçoit le même sort. Et ainsi fut assuré le ravitaillement.

Nos trois régiments de cavaliers indigènes se trouvant aujourd'hui dispersés par groupes plus ou moins forts sur toute la surface de l'Algérie, soit pour assurer auprès des bureaux arabes, concuremment avec les *daïras* ou cavaliers bleus, l'exécution des ordres de toute nature émanant d'une administration aussi compliquée, soit encore pour faire, dans beaucoup de localités, le service toujours si pénible de courrier de la poste, il devient tout à fait impossible de masser, sur quelque point que ce soit de notre territoire, avec ses seuls éléments respectifs, un escadron ayant plus de la moitié de ses hommes. D'où il résulte que, pour satisfaire à la fois aux besoins existants et à ceux qu'amènerait la création de nombreuses colonnes mobiles, l'augmentation de l'effectif des spahis serait chose urgente et devrait s'élever à trois cents hommes par escadron. Supprimant alors les *daïras* qui, mieux disciplinés, feraient d'excellents spahis et seraient avantageusement suppléés par ceux-ci auprès des bureaux arabes (1), nous obtiendrions par cette mesure une économie réelle, en même temps que l'avantage de nous attacher des hommes qui, autrement, ne nous inspireraient pas une plus grande confiance, à l'occasion, que les cavaliers des goums dont nous avons parlé plus haut.

——⋄◇⋄——

(1) Pourquoi, — chose bizarre, — deux cavaliers équipés, armés de même, mais habillés, si différemment, pour faire le même service ? L'économie, dira-t-on : le daïra coûte moins que le spahis. — Oui, — mais il est moitié moins prompt à obéir et son cheval est moitié plus maigre.

DEUXIÈME PARTIE.

I.

La demande d'augmentation de l'effectif des spahis que
nous venons d'énoncer à la fin de la première partie de ce
travail, touche en bien des points à une question des plus
délicates et toute frémissante encore des attaques acharnées
qu'elle a soulevées. Est-ce bien, en effet, au lendemain
d'une croisade entreprise par une prétendue réforme contre
le régime absolu des bureaux arabes, qu'il convient de
s'appuyer sur la nécessité de leur conserver tout un appa-
reil de force armée pour justifier d'un si grand besoin de
spahis ? Les bureaux arabes, depuis le trop célèbre procès
d'Oran, ne sont-ils pas jugés et condamnés par le verdict
de l'opinion ? Et alors le décret qui sanctionnerait la mesure
que nous proposons, ne risquerait-il pas d'être très-prochai-
nement suivi d'un décret d'abrogation, résultat naturel de
la suppression définitive d'une institution si décriée et dont
on ne veut plus ? Double et profonde erreur ! Les bureaux
arabes n'ont jamais été plus utiles et plus nécessaires qu'en
ce temps-ci, où le découragement, qui pèse de tout le poids
d'une calamité sur l'esprit de nos populations, les poussant
en grande partie vers la terre natale, en a éclairci les rangs
à tel point que l'application une et entière de l'administration civile, comme l'entendent ses très-zélés partisans, serait
en quelques sorte créer, pour les trois quarts de l'Algérie,
plus d'administrateurs qu'il n'y a d'administrés.

Les bureaux arabes, qu'on a si passionnément attaqués
dans ces derniers temps, le savaient bien ; aussi ont-ils,
dans leur conviction bien légitime qu'on aurait encore
longtemps besoin d'eux, laissé passer sans s'émouvoir le
flot d'invectives sous lequel on a cherché avec tant d'in-

juste haine à les engloutir ; ils n'ont opposé, par respect humain, à des clameurs jalouses, sciemment hostiles et qui devaient sitôt s'éteindre dans leur propre épuisement, que le froid mépris du silence ! Loin de nous la prétention d'absoudre les bureaux arabes des quelques abus qu'on leur a si durement et si peu charitablement reprochés ; mais comment ne concevrions-nous pas, ne trouverions-nous pas logique, si non excusable, qu'une administration aussi indépendante, dégagée de tout contrôle judiciaire et financier, du moins jusqu'en 1858, et ne relevant que de l'autorité supérieure militaire, qui, bon gré mal gré, lui laisse en bien des cas la plus grande latitude, ait pu être entraînée à quelques écarts isolés, personnels après tout, et n'incriminant aucunement, quoiqu'on en ait dit, l'administration elle-même, dont il serait souverainement injuste et déraisonnable de faire, comme on l'a voulu, une sorte de bouc émissaire du triste état de langueur dont souffre notre colonie. Tout homme véritablement impartial et sincèrement attaché à l'Algérie verra, au contraire, comme nous, dans les bureaux arabes, une institution qui, dès son début, au milieu des difficultés sans nombre, résultant d'un état de conquête incomplet, incompatible par conséquent, avec le tempérament formaliste et modéré du pouvoir civil, a pu néanmoïns, par l'énergie et la rapidité de son action, épargner à notre colonie les mille lenteurs dont tout autrement elle aurait souffert dans sa marche vers l'établissement complet de notre autorité sur les indigènes : une institution d'où sont sortis la plupart des vaillants généraux qui ont fait et font encore l'orgueil de la France ; enfin une institution qui a toujours été et est encore aujourd'hui composée d'officiers généralement intelligents et instruits, suffisant malgré leur jeunesse, par une incessante activité, aux besoins administratifs de toute nature comme au maintien de la tranquillité politique des immenses populations placées sous leur main En des conditions d'une utilité aussi avérée, faire table rase des bureaux arabes, comme la proposition en a été follement faite, alors qu'ils ne fonctionnaient ni

plus ni moins utilement qu'aujourd'hui, pour leur substituer l'administration civile dans son entier, et lorsque les
prémisses de celle-ci sont loin d'avoir reçu encore la sanc-
tion favorable de l'expérience, ne serait-ce point se tromper
pour le moins d'un quart de siècle ?

Pour établir nettement et sans aucune prévention, com
me nous allons essayer de le faire, le bilan de notre colonie,
en mesurant la grandeur des sacrifices faits à la petitesse
des résultats obtenus, nous aurons soin de nous abstenir de
toute investigation dans la philosophie de l'histoire pour
arriver à prouver, par l'abstraction et la synthèse, à l'exemple de beaucoup d'écrivains, que nous ne sommes ni ne
pouvons être un peuple colonisateur. Nous éviterons surtout
ces comparaisons si peu nationales, qui découlent d'une
pareille méthode et dont la pitoyable logique ne tend à rien
moins qu'à éterniser, en France comme en Algérie, l'ab-
surde préjugé selon lequel nous serions, en matière de colonisation, — non comme gouvernement mais bien comme
individus, — dans l'échelle des êtres pensants, à un degré
au-dessous des Romains de la période dioclétienne ou des
Anglais puritains du XVIIe siècle. Ne nous élevant pas au-
dessus du terre à terre des faits réels, nous examinerons un
à un les obstacles nombreux qui se sont successivement
dressés au-devant de notre colonisation pendant le long espace de vingt-neuf ans déjà parcouru par notre conquête,
et qui, nés d'un manque absolu de sollicitude et de bon
vouloir d'un côté, de mesures intempestives de l'autre, ont
le plus contribué à mettre l'Algérie dans l'état où elle se
trouve aujourd'hui. Nous croyons avec tout le monde
qu'une entreprise, quelle qu'elle soit, a besoin, dès son début, pour réussir, des faveurs de la fortune ; sinon elle
languit, périclite, se débat de longues années dans des efforts
stériles, et finit par succomber, à moins qu'un redouble-
ment d'efforts, d'énergie et de sacrifices désespérément
tenté, à l'exemple de ce grand artiste florentin qui, voyant
la matière en fusion sur le point de manquer pour sa statue,

jeta courageusement dans le creuset sa vaisselle d'or et d'argent, ne vienne à la sauver.

II.

La première et la plus essentielle des conditions pour peupler un pays reconnu fertile, partant colonisable, étant de s'en assurer le plus vite possible la tranquille possession pour inspirer toute confiance et toute sécurité aux émigrants, nous demanderons si, depuis 1830 jusqu'à l'époque où l'émir Abd-el-Kader fut repoussé vers le Maroc, le gouvernement de Juillet, à part l'essai des colonies militaires du maréchal Bugeaud, rendu stérile par l'opposition violente d'un certain parti, a fait autre chose, par son indifférence et l'envoi successif de tous les princes royaux à la tête de nos troupes ou du gouvernement de nos provinces, que de laisser s'invétérer dans le public l'opinion, si funeste à nos progrès coloniaux, qu'il entretenait sciemment l'état de guerre en Algérie? Nous demanderons pourquoi si, comme nous le croyons, une aussi coupable intention n'a pu exister, le gouvernement qui s'en savait accusé par l'opinion, n'a pris, pour se disculper et faire revivre la confiance, aucune de ces mesures énergiques qui, étant pour une colonie frappée de paralysie ce que serait pour le corps humain, pris dans le même ordre d'idées, l'application de vigoureux topiques, aurait tout ranimé et donné sans doute à l'émigration algérienne l'activité et l'essor qui, pendant ce long espace de temps, lui ont toujours si complètement fait défaut. Pourquoi, avant l'odieux massacre de Sidi-Brahim, alors que la paix dont nous jouissions en Europe avait tout le caractère d'une éternelle durée, n'avoir pas envoyé vingt, trente mille hommes de plus en Algérie pour enfermer l'insaisissable Abd-el-Kader dans un cercle de feu, d'où il n'aurait pu, comme la salamandre antique, s'échapper, malgré son grand renom d'invulnérabilité. Les Chambres d'alors, si hostiles à notre colonie, ne l'auraient pas voulu, hélas! ou l'auraient si fort blâmé, que persister eût été s'exposer au danger d'affaiblir la majorité ministérielle, cette force que le gouvernement ne dirigeait qu'à l'aide des plus prudents ménagements à l'endroit des intérêts matériels dont elle avait le monopole. C'était bien trop déjà, aux yeux de nos conservateurs d'alors, qu'une armée de soixante mille hommes permanente en Algérie, ayant coûté déjà tant de millions à la France pour ne lui donner en retour que les vaines fumées de la gloire, et devant fatalement aboutir, tôt ou tard, à un état de prospérité fort peu du goût de ces chauds partisans de l'immobilité politique, qui jusqu'alors les faisait maîtres absolus de l'agriculture, de l'industrie et du commerce de la nation. Ensuite, ne fallait-il pas ménager l'amour-propre des princes-généraux et, par conséquent, s'abstenir d'envoyer une si grande masse de soldats pour vaincre un seul homme, alors que le fils de Méhémet-Ali, ce prince à demi-barbare, mettait en déroute, à Nezib, toute l'armée turque ? Déplorons amèrement d'aussi petits, d'aussi égoïstes calculs. Déplorons à jamais surtout cette excessive faiblesse d'un gouvernement qui, animé peut-être de meilleures intentions à l'endroit de l'Algérie, a pu reculer pour leur donner suite devant les craintes du *veto* de quelques marchands enrichis.

Les événements de 1848, qui détruisirent un gouvernement si peu soucieux des intérêts algériens, parurent à tous nos colons comme l'annonce d'une ère de prospérité assurée. Pure illusion ! car il ne fut rien moins question, parmi quelques membres de l'Assemblée nationale, que d'abandonner un pays qui n'avait toujours été pour la métropole qu'une lourde cause d'embarras et la plaie la plus vive de son budget financier.

Survinrent les terribles événements de juin, qui donnèrent lieu, par suite d'impérieuses mesures politiques, à la création de nombreux villages agricoles, sur lesquels furent dirigées ces légions de colons inexpérimentés qui s'abatti-

rent sur nos champs, non pour les exploiter, mais s'y coucher tout au long le ventre au soleil, à l'exemple des lazza-
ronis napolitains, en se contentant philosophiquement, pour
ne pas mourir de faim, de l'humble subsistance que leur
distribuait régulièrement et chaque jour l'administration
militaire. Quant à s'occuper de culture, quatre-vingt-dix
sur cent de ces colons improvisés, en étaient complétement
incapables, par inaptitude, dégoût, paresse naturelle ou faiblesse physique. De tous les individus qui nous furent en-
voyés à cette orageuse époque, deux cents à peine sont res-
tés en Algérie ; tous les autres ont été tués par la fièvre ou
l'absinthe, ou sont rentrés en France peu à peu ; — et,
chose singulière, le retour de ceux-ci dans la mère-patrie
a été beaucoup plus funeste à notre colonie que leur court
et oisif séjour parmi nous. N'ayant pu voir, en effet, dans
l'Algérie, par le fait d'une situation violemment imposée,
qu'un lieu d'exil, une sorte de Cayenne amoindrie, et non,
comme le gouvernement d'alors avait paru en avoir la singulière illusion, une terre de promission, ils en sont partis
le cœur gonflé d'implacables ressentiments ; sous l'influence
desquels ils n'ont pas manqué de peindre l'Algérie sous les
couleurs les plus sombres, disant à tous et partout, de la
meilleure bonne foi du monde, qu'on ne pouvait y travailler
et y vivre que sous l'incessante et triple crainte de la fièvre,
de la dent des bêtes féroces et du yatagan des Arabes ; ajou-
tant, comme dernier coup de pinceau à ce tableau si peu
riant, que le sabre de nos officiers, comme celui de nos pré-
décesseurs les Turcs, y tenait lieu de toute espèce de code.
Peu de temps avant, en 1846 et 1847, avait eu lieu l'émigration d'indigents qui, se traînant péniblement et en ten-
dant la main à la charité publique, depuis les rives du
Rhin jusqu'à nos ports d'embarquement, devaient sitôt
faire naître au cœur de notre colonie, le hideux ulcère de
la mendicité et du paupérisme ! Ceux qui ont vu, comme
nous, entassés pêle-mêle sur l'un des vapeurs partant de
Marseille pour l'Algérie, ces familles entières d'émigrants
à peine vêtus, comptant toutes deux, trois et quatre enfants

en bas âge, comprendront que la population algérienne ainsi recrutée ne pouvait, sous l'influence de mille causes délétères, que languir et décroître au bout de fort peu de temps (1).

Le coup d'État de 1852 et la proclamation de l'Empire, qui furent deux évènements si heureux pour la France, portèrent un nouveau coup à notre colonisation par l'envoi en Algérie des condamnés politiques de cette époque. Soit comme transportés dans nos colonies pénitentiaires, soit comme internés dans nos villes de l'intérieur, comme les insurgés de 1848, les transportés de 1852 ont été, à leur rentrée en France, sous l'influence des mêmes mobiles, autant et plus qu'eux peut-être, funestes à notre colonie. Chacun d'eux embouchant à sa manière la trompette d'alarme, a contribué, dans la mesure de ses propres rancunes, à détruire le peu de confiance que pouvaient encore avoir, dans les destinées de l'Algérie, les populations rurales de beaucoup de nos départements du Midi. Il faut encore ajouter à d'aussi puissantes causes de discrédit, l'effet si fâcheux produit, en 1853, par la publication du livre de M. Baudin, que tout le monde connaît, et dans lequel cet honorable savant, cherchant à démontrer *ex-professo* que la race européenne ne peut ni s'acclimater ni vivre en Algérie, a donné, par l'autorité de son nom, à cette fausse et funeste doctrine, une publicité si grande, qu'aujourd'hui même encore, malgré le démenti de l'expérience, elle compte de nombreux croyants.

Si nous examinons la question sous un plus grand jour, nous verrons, comme se reliant aux mêmes causes, dans la découverte des placers aurifères de la Californie, le mobile puissant de ce mouvement sans fin qui, s'étendant aux

(1) Le village de la Stidia, près de Mostaganem, si vite peuplé à cette époque, n'avait plus déjà, en 1851, qu'une vingtaine d'habitants, se livrant, non à l'agriculture, mais à la fabrication du charbon qui, seule, les empêchait de mourir de faim.

quatre coins de l'Europe, a formé l'irrésistible courant d'é-
migration qui n'a pas peu contribué, pendant nos dix dernières années, au délaissement qui affecte si profondément
notre colonie. Si, à toutes ces causes d'un abandon trop réel
et qui marquent, pour ainsi parler, chacune des étapes qu'a
péniblement suivies l'Algérie dans sa marche, nous ajou-
tons, comme nous l'avons dit beaucoup plus haut, les inquiétudes, les troubles causés à l'agriculture et au commerce par les guerres de Crimée et d'Italie, nous aurons em-
brassé dans cet examen impartial et sommaire, la série des
faits réels dont les résultats funestes ont contribué, dans
une très grande mesure, à pousser l'Algérie dans l'impasse
où elle se débat vainement depuis tant d'années et d'où, nous
le craignons avec trop de raison, tous les efforts déjà tentés
par une administration nouvelle, zélée, consciencieuse, mais
dont *le temps n'était pas encore venu,* seront impuissants
à la faire sortir.

III.

A être considérée sous un tout autre aspect que celui de
l'incontestable *évidence* des faits dont nous venons de faire
l'énumération rapide, l'Algérie, si nous osons nous permettre de l'examiner à travers le sens arbitraire de l'idée, nous
paraît être en principe *trop près située de la France* pour
n'avoir pas, ce qui a tout d'abord l'air d'un paradoxe, plus
souffert que profité jusqu'ici de ce voisinage. Si nous ajou-
tons que le transport purement gratuit dans notre colonie,
assuré par aller et retour, à tous les émigrants nationaux
ou étrangers embarqués dans nos ports de France, a la
plus grande connexité avec cet inconvénient géographique,
nous aurons posé les termes d'un problème dont nous
allons essayer de donner la solution.

Lorsque, parmi les deux cent mille âmes que compte aujourd'hui notre colonie, nous voyons le groupe français ne
pas arriver à la moitié de ce chiffre, et qu'il faut y com-

prendre le personnel déjà si nombreux de l'administration civile ; lorsque nous réfléchissons surtout que, depuis le commencement de notre conquête, près de 500,000 Français ont mis le pied sur nos rivages, que faut-il conclure d'une telle opposition de chiffres, si non que le trop peu d'éloignement de la France, par rapport à notre colonie, se combinant avec l'extrême facilité d'y venir et d'en repartir *ad libitum* et sans frais, moyennant un certificat d'indigence toujours accordé, n'a pu que favoriser outre mesure le découragement de nos colons, en leur laissant entrevoir comme toujours possible et facilement réalisable leur retour au pays. Combien d'hommes à leur tour, poussés par le seul mobile de la curiosité, ont également mis à profit la libéralité de l'État pour visiter une contrée qui n'existant, ne pouvant encore administrativement exister que par le pouvoir militaire, leur a fait, sitôt après leur retour en France blâmer dans des écrits conçus sans raison, ce même pouvoir dont pourtant, quelques mois avant, ils avaient été pour la plupart très heureux de retirer maints petits avantages fort utiles au transport de leurs personnes à travers nos villes, en même temps que profitables à leur bourse.

« Le *Caméléon* croisa le courrier à la hauteur d'Ar-
» zew, raconte M. le comte P. de Castellane dans *ses sou-*
» *venirs de la vie militaire en Afrique*. Plusieurs dépu-
» tés se trouvaient à bord. Ces messieurs venaient pour
» étudier, avant la session des chambres, l'Afrique, la pro-
» vince d'Oran surtout, et les divers systèmes de colonisa-
» tion que l'on y essayait. Débarqués à dix heures à Mers-
» el-Kebir, les députés déjeunèrent à onze heures au Châ-
» teau-Neuf. Le temps était gris et sombre ; ils avaient eu
» le mal de mer, tout leur paraissait triste. *Dans notre*
» *candeur*, nous avions mis à leur disposition tous les
» moyens matériels pour parcourir commodément la pro-
» vince ; mais quand on leur dit que, le soir même, ils
» pouvaient écrire en France par le courrier du commerce,

» il se trouva que des motifs d'un haut intérêt les rappe-
» laient immédiatement à Paris. Le soir donc, à cinq heu-
» res, après avoir passé sept heures dans la province d'O-
» ran, dont deux en voiture et cinq au Château-Neuf, les
» députés s'en allèrent à toute vapeur, appuyant leur opi-
» nion de cette phrase qui a toujours tant de crédit « *J'ai*
» *vu, j'ai été dans le pays.* » C'est ainsi qu'on jugeait
l'Afrique.

Et voilà les gens qui, par toutes sortes de déclamations contre un état de choses au dessus de leur portée, ont dépeint
l'Algérie comme une terre où chaque coup de pioche de
nos colons était réglé sur la batterie cadencée d'un tambour
de régiment.

Quels projets, quelles espérances, n'ont-ils pas détruits!
Ah ! si l'Algérie, au lieu d'être rapprochée de la France, en
était au contraire séparée de toute la largeur de l'Océan,
peut-être bien qu'alors tous ces messieurs qui, par simple et
pure curiosité ou par suite de missions trop souvent im-
parfaitement remplies, sont venus jusqu'à nous, auraient reculé devant une si longue navigation par la peur d'un naufra-
ge, de la dent de quelque requin ou du triste sort de l'infor-
tuné Jonas! Peut-être qu'alors, aussi, tant de colons que la
France a bien voulu ramener si généreusement à ses frais, ré-
fléchissant à ces mêmes dangers et imitant l'exemple de tant
de leurs frères partis pour l'Amérique, qui, bon gré malgré,
ont dû rester où ils étaient faute d'argent pour s'en revenir,
auraient courageusement persisté dans la voie du travail qui,
tôt ou tard, les en aurait infailliblement récompensés.

L'Algérie est toujours, grâce à Dieu, comme on l'a dit
souvent, *un vaste champ où toutes choses sont à exploi-*
ter : ses immenses plaines si fertiles, ses nombreuses mon-
tagnes si riches au point de vue métallurgique, se prête-
ront merveilleusement à toutes sortes d'essais agricoles
et industriels ; ses marais sont presque partout dessé-

chés et les conditions générales de son climat, si funestes
dès les premiers jours de notre occupation, se sont considérablement modifiées et adoucies. Sous de tels auspices,
qu'a-t-il toujours manqué, que manque-t-il encore à l'Algérie pour progresser ? Une seule chose, mère de toutes les
autres, *la confiance des émigrants !* En vain nous dira-
t-on que cette confiance ne lui a pas fait défaut depuis
1853, alors que l'accroissement des populations de nos
villes, rendait l'accès des loyers si difficile ; qu'elle est
écrite, marquée par de nombreux villages et établissements
agricoles créés, fondés par la compagnie genevoise suisse ;
par des essais d'une nature analogue tentés par l'émigration franc-comtoise de la Haute-Saône, comme aussi par
la société dite du Var ; que quelques capitalistes intelligents réunis par le sentiment d'association le plus louable ont, à leur tour, fondé plusieurs villages moyennant
cession d'immenses terrains à eux faite par l'État ; qu'en
outre de tant d'exemples, l'esprit d'entreprise semblait vouloir s'étendre à l'Espagne, qui déjà projetait de fonder un
établissement copié sur celui de la compagnie de Setif; nous
ne pouvons voir, quant à nous, dans tant d'essais malheureux, qui n'ont laissé partout que la ruine, la misère et
l'abandon, que des efforts purement isolés, nés de l'esprit
de spéculation et d'aventure, et n'impliquant, après tout,
qu'un très faible degré de confiance de la part de nos compatriotes, qui se sont trop généralement abstenus d'y con-
courir ; or, en matière de colonisation, d'où peut naître la
confiance des émigrants, si le plus grand exemple n'en est
donné par la nation la plus particulièrement intéressée ?

Les dernières et audacieuses agressions de quelques tri-
bus marocaines, sitôt et si rudement châtiées, sont encore
venues augmenter, à bon droit, la défiance que nous déplorons, en laissant voir trop clairement que, si elles avaient
eu lieu quelques jours plus tôt, pendant que nous étions en
pleine guerre avec l'Autriche, c'est-à-dire quand nous n'a-
vions guère plus de neuf à dix mille hommes de troupe

pour nous defendre, nous aurions eu indubitablement toute
une grosse insurrection sur les bras. Aujourd'hui encore,
la position respective des divers états de l'Europe est
loin de présenter, sous le rapport politique, une sécurité très grande et peu faite, par conséquent, pour qu'en
France comme ailleurs les doutes ne soient pas permis à
l'endroit de notre prospérité future. Mais si, comme il faut
l'espérer, les difficultés nombreuses et si grandes qui ré-
sultent d'un tel état de choses, sont résolues comme nous
le désirons à l'avantage d'une paix solide et durable, il faut
alors, coûte que coûte, relever le courage abattu de nos
colons, ranimer la confiance des émigrants, et, pour atteindre un tel but, ne pas marchander les sacrifices : aux
grands maux les grands remèdes ! — Et si l'Algérie a déjà
coûté plus de deux milliards à la France pour aboutir,
après trente ans d'efforts et d'essais de toute nature,
à une situation mortelle, qu'importe qu'il faille lui sa-
crifier quelques centaines de millions de plus, si, par ce
dernier et suprême effort, elle peut être arrachée à son
agonie et rendue assez forte, assez laborieuse, assez pros-
père, pour donner dans dix ans à la France autant et peut-
être le double de ce qu'elle lui aura coûté !

Si donc nous raisonnons en vue d'une paix solide et durable, qui sera, espérons-le, la juste récompense des efforts
constants que fait notre Gouvernement pour l'obtenir, il
faudrait, dans cette hypothèse, porter à cent mille hommes
notre armée d'Afrique. La France, — en tant qu'elle reste
en paix avec l'Europe, — peut aujourd'hui, nous en sommes convaincu, être parfaitement gardée de tout péril à
l'intérieur avec une armée de deux cent mille hommes. Son
double réseau de lignes télégraphiques et de voies ferrées,
qui lui permet de connaître à la minute l'état politique des
villes les plus éloignées, en même temps que le transport
rapide de ses régiments sur tout point remué par l'esprit
de faction, lui rendra ce sacrifice facile. A l'aide d'un aussi
puissant levier et en mettant à exécution les mesures très

simples que nous allons oser nous permettre d'indiquer, on arriverait, nous en avons la conviction, à rendre l'Algérie florissante au bout de fort peu de temps.

Entreprendre simultanément, par le nord et le sud de notre colonie, les travaux d'utilité publique reconnus les plus nécessaires, tels que routes, caravansérails, puits ou fontaines d'abreuvoir, pour arriver, en partant de ces deux limites extrêmes, au point de rencontre naturellement indiqué par la ligne médiane du Tell, c'est ce qu'il a toujours été impossible de faire jusqu'à présent, faute d'une armée assez nombreuse pour protéger et seconder de tels travaux, et faute aussi d'allocations budgétaires suffisantes. Car les deux milliards dépensés, alloués parcimonieusement et peu à peu, n'ont pu, ne pouvaient suffire à produire rien de complet sous ce rapport, ayant dû être appliqués en très-grande partie, dès le principe à la construction de nos principaux établissements militaires et hippiques, à la création de nos belles et riches pépinières, aux subventions et primes accordées comme juste encouragement à la culture expérimentale de plantes exotiques pratiquée par nos colons, etc., etc Mais si, pouvant disposer à la fois d'une armée et de fonds considérables, nous répartissons la première de la manière suivante, savoir : vingt mille hommes occupant notre ligne du Sud, depuis Géryville jusqu'à Tebessa ; trente mille celle qui limite le Tell, depuis Saïda jusqu'à Souq-Ahras, et cinquante mille placés au centre de nos possessions, depuis Tlemsen jusqu'à Guelma ; que nous consacrions les seconds à l'exécution rigoureuse des travaux que nous venons d'indiquer, en faisant le plus fréquent usage possible de la main-d'œuvre militaire sans préjudice aucun de la main-d'œuvre civile, nous osons répondre alors d'une marche rapide et assurée vers le but poursuivi. Les émigrants, accourant de tous les points de la France et de l'Europe à la nouvelle d'un aussi puissant effort pour mettre l'Algérie en voie de salut, rendront vite possible, par leur accroissement chaque jour plus grand, l'opération si délicate du cantonnement des Arabes, dont avec raison nous pourrons, mais seulement alors, attendre le plus grand bien. Ici, nous devons dire que nous voulons qu'il n'y ait plus, dans notre système, pour les villes du *littoral* seulement à l'exception d'Alger, jusqu'en des temps plus prospères, qu'un pouvoir administratif : le pouvoir civil dans toutes ses attributions et toute sa vigueur. Nos généraux devant tout naturellement précéder leurs divisions sur les points indiqués plus haut, ces mêmes villes ne devant plus avoir alors pour se garder que leurs propres milices, — force bien suffisante alors, — l'application une et entière du nouveau système pourra se faire sans secousse ni froissement. Peu à peu, et à mesure que le nouvel essor imprimé à la colonisation prendra plus de développement, le pouvoir civil, s'avançant lentement vers le Sud, prendra successivement possession de tous les territoires qui, jusqu'à la zône sablonneuse du Sahara algérien, auront été vivifiés et peuplés par nos infatigables soldats et les courageux efforts des nombreux travailleurs accourus de toutes les parties de l'Europe.

Chaque régiment représentant un capital essentiellement mobile, qui, contrairement au résultat des opérations de banque, profite moins à la main qui donne qu'à la main qui reçoit, une armée de cent mille hommes assurera à l'Algérie, outre la force indispensable pour mener à bien l'opération extrêmement difficile du cantonnement, une ressource financière qui, considérablement augmentée du produit des journées de travail, donne naissance à une foule d'industries et d'entreprises dont pourront profiter des milliers de colons. Jamais cette grande vérité d'économie politique : qu'un seul régiment suffit quelquefois à faire vivre la moitié de la population d'une ville, n'aura eu plus qu'ici une application juste et nécessaire. Le cantonnement des indigènes, déjà en cours d'exécution et dont dépend presque entièrement l'avenir agricole de l'Algérie, ne pourra être promptement terminé, nous le craignons bien,

que sous la protection efficace de nos bayonnettes. Cette
importante mesure, qui touche à tant d'intérêts égoïstes et
chatouilleux, qui, il y a douze ans, aurait eu déjà grandement sa raison d'être par suite d'un état de disponibilité
presque général des terres arables, ne peut plus aujourd'hui,
que chaque tribu, chaque douar, chaque indigène a eu le
temps de se pourvoir, en prévision de ce qui arrive, d'un
titre de possession plus ou moins contestable du sol qu'il
détient et que nous ne pouvons cependant rejeter, si diri-
mant qu'il soit, sans risquer de blesser le détenteur jusqu'au
vif et le disposer à la révolte; ne peut plus être aujourd'hui,
disons-nous, que d'une exécution extrêmement lente et difficile, ne démontrent que trop le besoin pressant d'une armée de cent mille hommes en Algérie.

Les travaux généraux de colonisation que nous avons
indiqués plus haut une fois terminés, ainsi que le cantonnement des indigènes, nous croyons la présence de cette
armée encore nécessaire parmi nous jusqu'à ce que les
centres de population européenne soient devenus assez
nombreux, se soient assez peuplés et assez rapprochés les
uns des autres, pour que chacun de nos colons, pleinement
rassuré par le grand nombre de ses voisins, puisse aller se
coucher le soir aussi exempt d'inquiétude que s'il était
encore dans son pays natal.

IV.

Étant donnée toute sécurité à nos colons, toute confiance
aux émigrants, il reste à examiner si les bons résultats que
se promet M. le Ministre de l'Algérie dans son très remar-
quable rapport à l'Empereur, de la vente des terres domaniales et de l'adoption d'un chiffre étalon de 30 hectares pour les concessions à accorder aux quelques ayant-
droit très spécialement désignés, ne sont pas de pures illu-
sions de cet esprit éminent trop enclin, peut-être, à abandonner d'anciens errements, dans lesquels il croit voir la

source de la plus grande partie de nos maux. Nous ne pouvons être que complètement d'accord avec **M.** le Ministre,
lorsque par les profondes modifications qu'il introduit dans
le privilége des concessions, par les limites étroites dans
lesquelles il le renferme, surtout par la marche rapide qu'il
lui imprime en le dégageant de ses plus grandes entraves,
il a principalement en vue de faire disparaître les déplora-
bles lenteurs apportées jusqu'ici à la délivrance des titres
de concession ; lesquelles, personne ne peut l'ignorer, ont
été de tout temps si funestes aux intérêts de nos colons, à
qui elles ôtaient la possibilité de se créer le plus petit
crédit à l'aide d'immeubles dont ils n'étaient malheureusement, après tout, que les très humbles usufruitiers.
Mais n'aurait-il pas été possible d'atteindre le même but
sans quitter aussi complètement la route battue ? N'aurait-il pas été sage de s'y maintenir encore en l'amé-
liorant, plutôt que de s'engager, — imprudemment peut-
être, — dans la voie si souvent perfide des innovations ?
Tous ceux qui ont sérieusement étudié les besoins immenses de notre colonie seront d'accord pour reconnaître
qu'indépendamment des nombreuses causes que nous avons
signalées plus haut, le mal dont elle souffre et qui pèse
principalement sur son agriculture, au lieu d'être *à priori*
comme on paraît trop généralement le croire, la conséquence du mode d'aliénation des terres qui a prévalu jusqu'à ce jour, n'a été que le triste résultat d'exigences con-
ditionnelles excessives s'y rattachant, conséquemment inexé-
cutables, et qui ôtant, par l'impossibilité même de leur
réalisation, toute solvabilité matérielle à nos malheureux
cultivateurs, les a mis dans l'implacable nécessité de recou-
rir à tout prix à l'usure et de se laisser prendre peu à peu
par les griffes du monstre, qui n'a plus alors abandonné sa
proie qu'après l'avoir complètement dépouillée. Le temps
c'est l'argent, disent les Américains, nos maîtres jusqu'à ce
jour en matière de colonisation, et cette vérité, passée en
axiome chez ce peuple positif et laborieux, semble comme
toujours avoir été prise à rebours par nous, Français nés

malins, à l'endroit de l'Algérie. N'est-il pas de la dernière évidence que si les titres de possession définitive et inaliénable par l'état des lots de terre anciennement concédés, avaient été délivrés, dès la mise en culture de ces mêmes lots par les intéressés, nos malheureux colons se seraient tout d'abord procuré des ressources pécuniaires qui auraient très probablement assuré l'aisance des plus laborieux et empêché, sinon retardé, la ruine si complète des autres. Car, qui pourrait douter que d'un état de propriété si rapidement constitué, — non l'état de propriété au point de vue cadastral bien entendu, — ne fût résulté pour l'Algérie, par un juste enchaînement, à défaut de l'établissement du crédit foncier qu'il nous a fallu attendre jusqu'au 13 janvier dernier, la création de maisons de banque particulières qui, en dehors de leurs opérations ordinaires sur le change ou l'escompte des effets de commerce, n'auraient pas hésité, sur de bonnes garanties immobilières, à venir en aide à notre agriculture par des placements à terme, renouvelables au gré de l'emprunteur, moyennant un intérêt honnête devant lequel les hontes et les ravages de l'usure auraient grâce à Dieu disparu. Il ressort donc de ce qui précède que, pour fonder la propriété en Algérie, en faire, — au lieu d'une chose vague, sans fixité ni valeur quant au fonds, comme elle a été jusqu'ici, — une source réelle de crédit pour nos colons, il n'était aucunement besoin de substituer autant que cela a été fait, à l'ancien mode de concession, le nouveau mode de vente à différents titres, et qu'il eut été beaucoup plus sage, et surtout plus simple, de se borner à affranchir le premier de toutes les clauses résolutoires qui en ont fait malheureusement trop souvent un don purement illusoire (1).

(1) Tant que le concessionnaire n'aura pas reçu le titre définitif de propriété les terres concédées ne seront susceptibles ni d'aliénation, ni d'hypothèque sans une autorisation spéciale du Gouverneur-général, le Conseil du Gouvernement entendu. — En cas de contravation à cette disposition, le concessionnaire encourra la déchéance (art. VI du cahier des charges).

Nous n'ignorons pas que, par le droit que s'est prudemment réservé l'administration, de concéder des lots gratuits « à d'anciens militaires émigrants ou cultivateurs résidant » en Algérie » (nous citons les propres termes du paragraphe officiel), à la seule charge par eux d'y construire une maison, elle n'abandonne pas complètement le chemin battu et assure à l'Algérie, par la conservation de ce faible débris d'un système à peu près détruit, un surcroît considérable de travailleurs courageux et acclimatés. Mais ce résultat, fort mince après tout, n'aurait-il pas été plus sûrement obtenu en ne conservant pas des anciennes charges imposées à nos colons la plus onéreuse de toutes, partant la plus rebutante : celle de bâtir ! N'importe t-il pas avant tout de laisser le colon libre de se loger à son gré sous la tuile ou sous le chaume, sous la tente ou sous le gourbi ? Il fallait au moins, dans ce travail de remise à neuf d'un des compartiments de la vieille machine administrative, avoir le courage de rejeter bien loin un si défectueux rouage. Etrange anomalie ! Nous nous réservons le droit d'accorder des concessions gratuites à titre de *récompense* à d'anciens militaires, tous pauvres comme Job, à d'anciens cultivateurs à peu près indigents, et nous détruisons à l'avance une partie de ce bienfait; disons mieux, nous le rendons stérile en n'osant pas rompre une entrave qui a toujours été un des plus grands vices du système que nous avons réformé. Comment dès lors ne pas s'attendre à ce que beaucoup de militaires libérés qui auraient peut-être hésité à mettre en culture des lots de terre purement gratuits, c'est-à-dire affranchis de toute charge, les dédaignent complètement s'il leur faut, avant d'en obtenir la libre et entière possession, y fonder une maison ! Il y a plus : l'octroi des concessions réputées gratuites ne s'étendant, en dehors des militaires congédiés, qu'aux seuls cultivateurs ou émigrants *résidant* en Algérie, — l'exception est assez formelle, — il arrivera que le paysan français qui toujours a manifesté un si grand éloignement pour notre colonie viendra encore moins à nous, s'il ne peut plus obtenir qu'à beaux deniers comptants un bien-fonds qu'autrefois on lui offrait si libéralement pour rien. Le paysan français, — on l'a dit et redit cent fois à propos de l'Algérie, — autant par d'invincibles et mystérieuses attaches qui le lient au sol natal, que par suite d'un bien-être relatif dont il jouit à peu près partout dans nos départements, répugne fort à toute idée d'expatriation. Si depuis un demi siècle beaucoup de nos compatriotes ont émigré en Amérique, un relevé statistique de nos communes, sous ce rapport, pourrait nous démontrer que, dans ce mouvement continu de nos populations vers des plages aussi lointaines, l'homme des champs est à l'homme des villes dans la proportion numérique de un à dix : or aujourd'hui, peut-on sérieusement espérer que ce même paysan se rendra mieux en Algérie qu'il n'a voulu autrefois se transporter en Amérique, ce pays des lingots et des millionnaires ? Grosse question ! qui il y a douze ans aurait pu être résolue à l'avantage de notre colonie, mais qui, aujourd'hui, par suite de l'idée très fausse que se font en France nos populations rurales de l'état du sol, du climat, de l'administration et des conditions de sécurité individuelle de l'Algérie, éveille des doutes que ne peut que considérablement augmenter, selon nous, la promulgation du décret autorisant la vente des terres domaniales. Les motifs qui ont pu conduire la nouvelle administration à l'adoption d'une mesure qui est comme la répudiation flagrante d'un système qu'il aurait été pourtant bon de conserver, quitte à le corriger, comme nous l'avons dit, dans ce qu'il pouvait avoir de trop défectueux, nous paraissent comme avoir été puisés plutôt dans la seule appréciation des avantages de quelques-uns que dans la saine et judicieuse entente des intérêts de tous. En ne s'adressant guère qu'à des acheteurs, le nouveau décret borne à la seule catégorie des capitalistes proprement dits l'accès des acquisitions territoriales dont il exclue virtuellement le petit rentier et le cultivateur économe, qui n'auront garde, en face d'aussi redoutables concurrents, de risquer leur argent dans les dangereux entraînements d'une enchère. D'où il suit tout naturellement que, faute de petits et nombreux acquéreurs, la presque totalité

des terres aliénables tombera infailliblement en la possession
d'un certain nombre de spéculateurs qui n'hésiteront pas,
en raison des espérances qu'ils pourront se croire en droit
de fonder sur la prospérité future de notre colonie, à se rendre acquéreurs de tout, soit directement, soit à l'aide de fidéi-
commissaires ou d'*hommes de paille*, si nombreux en Algérie, bien assurés de pouvoir toujours, en attendant l'époque
la plus favorable à la revente sur prime de leurs acquisitions,
en retirer un excellent revenu par une simple location con-
sentie aux Arabes. Nous ouvrons donc la porte à un genre
tout nouveau de spéculation dont les conséquences, faciles
à prévoir, seront des plus funestes à la colonie : ou les terres seront revendues dans deux ou trois ans par les premiers
acquéreurs, à un prix excessif qui n'en permettra l'achat
qu'à quelques colons aisés et à beaucoup de chefs indigènes,
ou à défaut de ceux-ci, elles resteront indéfiniment engagées
dans les mains des premiers acheteurs qui, en attendant
mieux, continueront tout naturellement, pour ne pas se
ruiner, à les faire cultiver par les Arabes. Resserrée entre
les deux termes de ce dilemme, la question du peuplement, — cette pierre angulaire de l'édifice colonial que
nous voulons depuis si longtemps fonder en Algérie, — ne
peut que nous paraître plus insoluble que jamais.

Mais le mal, quoi qu'il soit aujourd'hui comme incarné
dans une loi, est-il absolument irrémédiable ? Nous ne le
pensons pas. L'extrême répugnance des populations rurales
de nos départements à consacrer leurs laborieuses épargnes
à l'acquisition du plus petit lot de terre en Algérie dispa-
raîtrait, nous en avons la conviction, devant le bon effet
que produiraient sur les esprits quelques changements utiles
apportés dans les dispositions du décret du 25 juillet 1860
qui en modifieraient simplement la lettre sans en altérer
l'esprit. On ne peut raisonnablement espérer du produit de
la vente des terres, un allégement sérieux des charges ac-
cablantes qui pèsent sur le trésor. Les quelques pauvres
millions que produira cette funeste opération seront com-

me un lingot de plomb jeté, avec la prétention de le combler, dans le gouffre profond qui a déjà englouti deux milliards. Donc, abondonner le projet, très louable au fond, mais fort illusoire quant au but, de soulager nos finances avec quelques sacs d'écus, en sachant supprimer le mode de vente à prix débattu pour se borner exclusivement à la vente à prix fixe, basée sur un chiffre unique de 10 francs par hectare pour toutes terres en général, sans règlement subsidiaire ; par voix d'enchère, dans le cas de survenance de plusieurs acquéreurs d'un même lot dont remise serait alors immédiatement faite au premier demandeur, serait agir avec autant de prudence que d'à-propos. Ce principe une fois admis, nous n'ignorons pas qu'il n'y ait encore grandement à craindre qu'une masse d'acquéreurs peu sérieux, alléchés par un bénéfice promptement réalisable, ne revendent aussitôt leurs lots à quelques trafiquants à l'affût, tout prêts à les leur payer un prix double et triple de celui du tarif, dans l'intime persuasion de les revendre tôt ou tard, à leur tour, à gros profit, comme nous venons de le dire, aux Arabes à défaut d'Européens bien disposés ; c'est là, il faut en convenir, une objection sérieuse contre l'exiguité du prix de dix francs que nous avons posé ; mais l'objection ne serait-elle pas plus sérieuse si nous élevions ce prix à 50 francs par exemple ? Le spéculateur, nous l'accordons, obligé alors d'opérer sur une base trop élevée pour ses calculs, s'abstiendrait sans doute d'acheter de seconde main; mais ce cas admis, combien trouverions-nous de véritables colons disposés à payer nos terres à raison de 50 francs l'hectare ? Cent peut-être dans nos trois provinces ! Or, entre le risque à peu près inévitable de donner accès à la spéculation la plus contraire aux intérêts de la colonisation par l'adoption d'un prix de vente relativement nul, et le risque bien plus grave d'éloigner pour jamais de l'Algérie les travailleurs bien intentionnés, par suite de l'élévation de ce prix à un taux hors de la portée des ressources ou de la bonne volonté de tous, nous optons hardiment pour le premier, le moins défavorable à coup sûr aux progrès de la colonisation si nous voulons prendre les mesures nécessaires pour en assurer le bon effet.

C'est encore l'armée, dont le concours si utile en matière de colonisation n'a jamais pu être nié que par esprit de système, qui nous fournira le moyen de sortir de cette double difficulté. Le maréchal Bugeaud, cet esprit positif et si essentiellement pratique, qui, lorsqu'il créait ses colonies, militaires, ne se bornait pas seulement au don gratuit de la terre, mais accordait aux agriculteurs, outre une subvention pécuniaire, des semences et des instruments aratoires à titre de prêt, des bestiaux à cheptel et des travailleurs militaires pour labourer leurs champs, avait très bien compris que sur une terre où chacun de nos colons, comme Robinson dans son île, n'avait guère à compter que sur lui-même, on ne pouvait trop lui porter d'intérêt et de sollicitude. Si les essais de colonisation tentés par cet homme de bien n'ont pas eu toujours la réussite la plus complète, il faudrait en rechercher la cause, non dans un plan d'organisation qui avait tout prévu, — sauf cependant ce que le respect humain défendait de prévoir....., — mais dans les insupportables tracasseries parlementaires qui vinrent si souvent, à cette triste époque de notre histoire coloniale, paralyser les bonnes intentions du gouverneur. Employer nos soldats dans les fermes comme le faisait le maréchal Bugeaud, serait un très sûr moyen, croyons-nous, de fixer définitivement en Algérie nos futurs acquéreurs de terre, lesquels, devant la certitude d'obtenir des travailleurs dont le nombre serait réglé sur l'importance de leurs acquisitions respectives, sauraient vaincre, n'en doutons pas, le découragement qui, si nous nous abstenions d'agir ainsi, s'emparerait bien vite d'eux comme il s'est trop souvent emparé de leurs devanciers devant l'absence complète ou le prix excessif de toute main d'œuvre européenne.

On nous objecterait vainement que le domestique arabe

(krammès) a pu jusqu'ici combler suffisamment cette lacune.
Le krammès, en maintenant parmi nous la pratique de l'a-
griculture dans une routine qui doit remonter à Abraham,
ne peut être que d'un emploi extrêmement désavantageux,
— pour le petit colon surtout, — qui, mieux que le grand
concessionnaire, a besoin de faire produire le plus à un
moins grand espace donné. D'un autre côté, la religion,
les mœurs, le langage et jusqu'aux aliments du krammès,
seront toujours un insurmontable obstacle à sa complète
domestication parmi nous ; souvent chef de famille lui-
même, aucun lien d'affection ne peut l'attacher à son maître dans lequel sa religion lui fait voir un infidèle qu'il s'ef-
force alors de tromper le plus consciencieusement du monde, pour la plus grande gloire du Coran. Combien seraient
différents les militaires que nous détacherions auprès de
nos colons : bien traités partout, ils prendraient sérieusement à cœur les intérêts de leurs patrons. De cet échange
de bons offices, entre le maître et le serviteur, naîtrait
promptement un degré de confiance et d'affection qui, les
habituant à compter l'un sur l'autre, ferait que plus tard
celui-ci, au lieu de rentrer dans ses foyers à l'époque de sa
libération, mettrait bien vite à profit les trente hectares de
terre que lui assure l'Etat pour fonder à son tour, à l'aide
de ses épargnes et de l'expérience acquise, un petit établissement agricole, rapproché autant que possible de celui
qu'il aurait quitté et où, avantage inappréciable, il serait
toujours sûr de trouver d'excellents voisins. Il est facile de
comprendre, pour peu qu'on y réfléchisse, combien de pa-
reils faits assureraient de véritables progrès à l'Algérie. En
effet : nos soldats détachés isolément chez les colons, ap-
prenant ou continuant sous la main de maîtres intelligents
et bons le rude métier d'agriculteur, devenant plus tard
concessionnaires à leur tour et s'installant le plus près possible de leurs anciens patrons devenus leurs amis, ne serait-ce pas voir avant peu se répandre en Algérie, sur toute
la surface du Tell, mille petits groupes d'agriculteurs ser-
rés et unis, auxquels d'autres groupes venant successive-

ment se lier, formeraient peu à peu la base solide du futur peuplement de nos campagnes si abandonnées aujourd'hui. L'armée, élevée au chiffre que nous avons indiqué et disposée sur trois échelons, embrassant nos principales lignes stratégiques assurerait donc à l'Algérie, en dehors des avantages énormes que nous avons déjà fait ressortir, la ressource si précieuse pour nos malheureux colons d'une main d'œuvre intelligente et à bon marché.

Mais combien plus sûrs et plus rapides seraient les résultats de cette dernière combinaison si, au lieu de mutiler et d'amoindrir comme nous l'avons fait le système des concessions, nous nous étions tout simplement bornés, comme il est dit plus haut, à le dégager complètement de toute clause résolutoire ; si surtout en même temps en France, dans tout département, arrondissement ou canton, depuis la grande ville jusqu'au plus humble village, il avait été affiché par les soins de l'autorité locale, à la porte de chaque mairie et de chaque église, un arrêté ministériel par lequel aurait été assurée à tout émigrant algérien, aussitôt son débarquement sur nos côtes, la jouissance immédiate d'un lot de terre, suivie de la remise non moins immédiate du titre de possession définitive de l'immeuble concédé. Alors véritablement, sous l'effet salutaire d'une mesure aussi largement libérale, décrétée presqu'en même temps que se décidait le voyage de l'Empereur en Algérie, et dont le prix aurait pu être doublé par la promesse d'exempter de la conscription toute famille de colons établie depuis quatre ans parmi nous ; alors véritablement, disons nous, l'heure si longtemps attendue de notre prospérité coloniale en ce pays, aurait pu sonner.

Aujourd'hui, nul ne l'ignore, l'arrivée de l'Empereur à Alger a été saluée par les acclamations enthousiastes de nos braves colons parés de leurs plus beaux habits de fête. Si cet événement important, qui témoigne hautement d'une sollicitude auguste pour les intérêts de la colonie, s'est ac-

compli au milieu de l'allégresse la plus vive et lorsque la
confiance semblait déjà renaître un peu partout, par suite
de la mise à exécution de nos voies ferrées, de l'extension
de nos franchises douanières, de l'établissement de notre
crédit foncier et de l'accès de notre commerce dans le Sou-
dan ; il s'est accompli malheureusement aussi presque à la
même heure que paraissait le décret du 25 juillet de cette
année, c'est-à-dire lorsque nos paysans, ceux de la Suisse,
d'une partie de l'Allemagne et de la malheureuse Irlande,
sur le point d'accourir vers nous et comme entraînés par
un irrésistible élan de confiance sur les pas de notre Empereur, ont dû s'arrêter en se rappelant qu'au lieu de
leurs bras vigoureux, d'une bonne volonté dont ils avaient
à revendre et dont autrefois nous aurions été si heureux de
nous contenter, nous leur demandions aujourd'hui de l'argent qu'ils n'ont jamais eu.

V.

« Elever les Arabes à la dignité d'hommes libres, a
» dit l'Empereur à Alger, répandre sur eux l'instruc-
» tion tout en respectant leur religion, améliorer leur
» existence en faisant sortir de cette terre tous les trésors
» que la Providence y a enfouis, tel est notre but. » Certes voilà de grandes et nobles paroles, qui règlent et fixent
admirablement la marche et le but que la France doit se
proposer sur une terre que l'infatigable pied de nos soldats
n'a foulée qu'à travers la poussière et les ruines d'un passé
glorieux avec lequel nous devons, comme nation d'avant-
garde de toute civilisation, tenter de renouer la chaîne des
temps interrompue pendant douze siècles par le flot de
l'invasion barbare et le sabre des mahométans. Malheureusement, si l'intention, en matière de théologie, peut, aux
yeux des casuistes, tenir lieu de l'action, il ne saurait
en être ainsi en matière politique où toute vérité doit être
positive et se manifester par un fait. Or, tout le contraire
n'est-il pas à craindre ici ? Les intentions contenues dans

le programme impérial sont assurément conçues dans un grand esprit de modération, le plus parfait accord avec les sentiments qui animent la partie la plus saine de la population européenne de l'Algérie vis-à-vis des Arabes et la plus judicieuse entente, à la fois, des besoins moraux des populations que nous nous proposons de régénérer *en les élevant jusqu'à nous.* De leur côté, quelques écrivains éminents qui se sont occupés sérieusement de la question algérienne, répudient hautement à leur tour l'adoption de tout moyen violent qui tendrait à forcer les Arabes d'accepter prématurément des bienfaits qui doivent les pénétrer librement et peu à peu, et rester par conséquent l'œuvre seule du temps. L'*intention* est donc partout excellente, humaine et charitable au possible; mais le fait capital qui lui est connexe, — l'*assimilation,* — si nous nous bornons à l'attendre ainsi de la part d'un peuple inerte qui a toujours plutôt reculé qu'avancé, détruit plutôt qu'édifié, ne risque-t-il pas, dans un si long travail de préparation, de ne se produire que dans un siècle ou de rester plutôt à jamais à l'état de pure chimère ? Nous nous condamnerions donc indéfiniment, à l'égard des Arabes, à une immobilité expectante pendant laquelle la double haine qu'ils nous portent comme vaincus et comme musulmans ayant toute liberté de s'agrandir, pourrait, à l'ombre de notre confiance bénévole, étendre son action ténébreuse jusque par delà nos frontières et, tôt ou tard, nous envelopper peut-être, dans une explosion de vengeances cruelles que nous n'aurions voulu ni prévoir ni prévenir.

Nous oublions un peu trop dans le débat, si animé aujourd'hui, que soulève la question algérienne, et aussi par suite des tendances trop marquées de beaucoup d'esprits éminents à préconiser le système de la tolérance, l'état de fièvreuse agitation que subit l'Europe depuis plusieurs années et qui pouvant peut-être, dans un avenir prochain, remettre en question notre existence coloniale, coïncide d'une façon alarmante avec le réveil du fanatisme musulman, qui s'annonçant par les massacres de Djedda, les troubles de Constantinople, les agitations de Tunis et les abominables cruautés commises en Syrie, pour venir dans un tout récent et sinistre avertissement mettre en feu une de nos principales richesses forestières, laisse planer sur toute colonie européenne où peut flotter encore l'étendard du prophète, comme une terrible menace de vengeance et de mort contre les chrétiens. En d'aussi graves conjonctures, trève devrait être faite selon nous pour un moment à l'excessive indulgence dont nous aimons trop à nous parer vis-à-vis des Arabes, pour faire place à une mesure de rigueur prompte, sommaire, que nous conseillent et leur intérêt comme nous l'entendons ici, et celui de notre propre sécurité et de la conservation de notre conquête.

Expulser de l'Algérie quelques individualités arabes trop haut placées entre l'indigène et nous pour ne pas être un puissant obstacle au but que nous poursuivons vainement depuis trente ans, serait une résolution aussi prudente que nécessaire et à laquelle applaudirait assurément toute la colonie. Nul n'ignore qu'à côté de l'origine sainte à laquelle prétendent les représentants actuels des grandes familles arabes algériennes et qui fait leur force morale sur les indigènes, vient se placer une force matérielle résultant d'immenses surfaces de terre que tous détiennent plus ou moins légitimement et qui, leur assurant toujours d'abondantes récoltes, leur permet d'avancer chaque automne des semailles à beaucoup d'Arabes dont ils doublent ainsi l'attachement pour eux par la reconnaissance du service rendu. Comme les *Leudes*, ces puissants propriétaires terriens des VIIe et VIIIe siècles, guerriers et politiques tout à la fois, qui gouvernèrent la France sous le titre de *maires du palais*, nos khalifas, bach-agas et kaïds algériens ont à peu près régné *directement* seuls, jusqu'ici, sur le peuple arabe ; — et c'était rigoureux, logique ! D'ennemis redoutables qu'ils étaient pour nous au début de notre conquête, devenant, une fois vaincus, nos très utiles auxiliaires dans la marche victorieuse de notre armée à travers l'Algérie, il nous a fallu, dans l'intérêt de la conservation de cette même conquête et jusqu'au jour de son entière pacification, non seulement respecter leurs biens, mais compter avec eux en les comblant d'immunités, de largesses et de gros traitements, afin de les lier à nous par le côté sensible de l'intérêt. Cet état de choses, nous le répétons, a dû logiquement exister tant qu'il est resté en Algérie un coin de terre que n'eussent pas conquis nos soldats ; mais aujourd'hui que le pays nous appartient tout entier, aujourd'hui que les officiers des bureaux arabes répandus partout, connaissent parfaitement les dispositions à la résistance ou à la soumission envers nous des diverses populations arabes ; qu'ils ont sérieusement étudié la topographie des territoires qu'ils régissent et peuvent, conséquemment, nous guider et nous renseigner en tout lieu, il devient d'une nécessité plus que pressante de détruire, non par la hache comme Louis XI détruisit les grands feudataires de son royaume, mais par le bannissement simple et sans confiscation d'aucun de ses biens (1), cette oligarchie trop puissante, formée de quelques grandes familles arabes : sorte de pouvoir dans notre pouvoir, qui interceptera ou affaiblira toujours, s'il ne la détruit, notre action morale sur l'indigène.

A Dieu ne plaise que nous éveillions ici à dessein des souvenirs irritants ; mais comme toute thèse a besoin pour se soutenir de s'appuyer sur la logique du raisonnement ou la démonstration des faits, nous rappellerons que certain chef arabe jouissant auprès de nous d'une grande influence

----

(1) En fait de biens-fonds détenus par les chefs indigènes, nous entendons ne respecter strictement que ceux dont une longue jouissance personnelle, ou héréditairement transmise, aurait comme légitimé la possession. Devraient être considérés comme tels et de franc alleu, ceux dont l'octroi aurait eu lieu à la suite de services rendus à nos armes et que viendrait appuyer, dans ce cas, quelque pièce probante.

dont il ne nous appartient pas de préciser la véritable cause, put impunément braver pendant trop longtemps un pouvoir intermédiaire auquel il devait obéissance et soumission. L'horrible catastrophe dont cet inqualifiable écart fut la mystérieuse cause est encore assez présente à tous les esprits, pour que nous n'ayons pas besoin d'entrer dans plus de détails pour la rappeler. Qui peut ignorer, en outre, que, malgré le zèle le plus louable apporté de tout temps par les bureaux arabes à l'étude de l'impôt arabe, la vérité leur est presque toujours cachée par suite de nombreuses difficultés inhérentes à un mode vicieux d'appréciation de la matière imposable chez l'indigène, difficultés jusqu'ici à peu près insurmontables et résultant, en très grande partie, du caprice des chefs indigènes qui, par toutes sortes d'indications erronées, font, selon leur bon plaisir, exempter de l'impôt un plus ou moins grand nombre de protégés ou d'amis.

Expulser, bannir les grands chefs indigènes, avons nous dit ! Mais où les envoyer ? Et chefs pour chefs, puisque le besoin doit s'en faire sentir bien longtemps encore, où en trouverons-nous de meilleurs ?

La réponse à cette double question nous est fournie par les faits politiques du jour et certain côté de l'organisation de nos corps indigènes.

L'initiative généreuse si soudainement prise par la France dans l'expédition de Syrie ; ses efforts pour la faire adopter par une nation jalouse et par la Turquie elle-même ; les sacrifices de toute nature qu'elle s'est imposés pour la rendre glorieuse et la mener rapidement à bonne fin, indiquent et justifient pleinement d'avance le droit d'immixtion, sinon d'arbitrage, qui reviendra infailliblement à notre gouvernement dans le travail futur de réorganisation politique de ce malheureux pays. La haute dignité conférée tout récemment par l'Empereur à Abd-el-Kader en récompense

de sa vaillante conduite à Damas, pourrait être considérée déjà, avec beaucoup de vraisemblance, comme un
indice à peu près certain que la satisfaction impériale pourrait bien réserver pour plus tard, en faveur du courageux
Émir, la demande d'un haut et puissant rôle politique,
un grand pachalik par exemple, formé des *sandjaks* ou
districts syriens les plus agités, relevant alors de la sou-
veraineté de la Porte et placé sous le haut protectorat de
la France. Si pareil fait, que justifieraient pleinement déjà
les besoins de sécurité d'un pays qui, après le départ de
nos soldats, sera sans aucun doute livré à de nouveaux
massacres s'il n'est gouverné par une main habile et ferme;
si pareil fait, disons-nous, que rendent encore plus vrai-
semblable les justes griefs et la légitime indignation de
toute la chrétienté envers la barbarie musulmane, venait
à se réaliser, rien dès lors de plus simple et de plus facile
que de faire consentir le nouveau Pacha à admettre auprès
de lui, pour les doter d'emplois brillants et lucratifs, ou
les laisser libres de vivre à leur guise sur une terre toute
pleine encore des souvenirs glorieux du triomphe de l'Is-
lam, les chefs arabes dont nous voudrions nous débarrasser, et dont la plupart sont d'anciennes connaissances ou
d'anciens amis de l'Émir (1).

Cette mesure une fois appliquée, nous serions libres de
nommer d'autres chefs que nous aurions soigneusement
choisis parmi les officiers arabes les plus intelligents et les
mieux notés de nos régiments de cavalerie et d'infanterie
indigènes. De tels chefs ne pouvant être forts et respectés
des Arabes que par nous, ils seraient sous notre main,
comme l'expérience l'a déjà favorablement démontré en
quelques lieux, des instruments tout-à-fait dociles que leur
intérêt personnel autant que leur absence de tout préjugé

(1) A défaut de la Syrie et de Damas, Alexandrie, Damiette, le
Caire, seraient en Egypte d'excellents lieux de transportation pour
des musulmans.

feraient entrer complètement dans nôs vues. Nous ne nous abusons ni sur les difficultés, ni sur les dangers sérieux que soulèverait l'application de cette mesure ; mais comme, après tout, ces difficultés et ces dangers disparaîtraient devant la force imposante des cent mille hommes que nous demandons, ils ne peuvent dès lors nous laisser la moindre inquiétude. Qui veut la fin veut les moyens, et l'acte de vigueur réclamé par nous ne pouvant, au demeurant, violer ni la foi de traités qui n'ont jamais existé entre le peuple arabe et nous, ni le droit des gens vis-à-vis d'hommes qui nous ont toujours été secrètement hostiles, nous ne pouvons concevoir aucun doute sur la légitimité de son application. Le terrain ainsi déblayé, laisserait à notre action morale toute liberté de s'étendre sur les indigènes par le contact qu'amènerait peu à peu entre eux et nous, le peuplement toujours croissant de l'Algérie. Les quelques millions d'hectares de terre cultivable que nous possèderons quand nous le voudrons, pouvant assurer l'existence d'une population européenne double du chiffre de la population arabe, nous règnerons en maîtres sur celle-ci, sans le secours de l'armée, le jour où nous aurons pu les livrer à la culture des émigrants.

L'amélioration de l'existence des indigènes pouvant être alors la conséquence naturelle d'un échange d'intérêts qui deviendrait tous les jours plus fréquent et plus intime, il résulterait bientôt de cette situation une sorte de fusion commerciale des deux races qui ferait beaucoup plus pour leur assimilation politique que toutes les tentatives de conversions religieuses sérieusement conseillées dans ces derniers temps par quelques esprits que le zèle de la dévotion abuse un peu trop, croyons nous.

Mais combien plus sûrs et plus précieux seraient les avantages qui doivent résulter pour notre colonie du voyage de l'Empereur, si le Ministre de l'Algérie revenant, avec courage sur la mesure désastreuse de la vente des terres do-

maniales, reprenait en le dégageant de ses vieilles entraves
et sauf à lui appliquer un règlement de garantie contre
tout abus ou faveur qu'il pourrait entraîner, l'ancien mode
de concessions gratuites ; si surtout Son Excellence voulait
employer en même temps toute son influence, tout son
crédit à obtenir de l'Empereur l'augmentation de notre armée sans laquelle, nous le disons tout haut, *point de salut
pour l'Algérie !* Alors, croyons-nous, sous l'action vivi-
fiante et réparatrice de ce double bienfait, notre colonie
atteindrait à un degré de prospérité tel, que nous pour-
rions espérer sans trop d'invraisemblance, pour nos colons,
non pas *l'aurea mediocritas* du poète, ni même la poule
au pot du bon Béarnais, mais tout au moins la tourte du
pain blanc dans la huche et la provision de grain dans le
cellier. Mais le nouveau pouvoir peut-il, voudra-t-il ainsi
se donner des verges ? Répondons par le mot de Montai-
gne : *qui sait !*

<h2 style="text-align:center">VI.</h2>

Nous nous résumons :

Démontrer à quels graves dangers pourrait se trouver
exposée notre colonie dans le cas d'une nouvelle guerre
en Europe ; indiquer ensuite les différentes mesures qui, bien
combinées, pourraient la mettre à l'abri de tout péril ;
retracer, après cette première étude, les différentes causes
du malaise qui affecte si profondément l'Algérie, en faisant suivre cet examen rapide des considérations et moyens
qui nous paraissent le plus propres à la remettre en voie
de salut, tel est le but que nous avons poursuivi à travers
le long développement de notre pensée, d'accord en cela
avec l'inquiète préoccupation qui est aujourd'hui dans presque tous les esprits.

A défaut de tout mérite, notre humble travail portera
du moins l'empreinte modeste de l'à-propos.

Pierre MARBAUD.